PRESCHOOLERS
ACTIVITY BOOK
FOR KIDS 4-8
ANDROMEDA BOOKS

This Activity Book Goes to

____

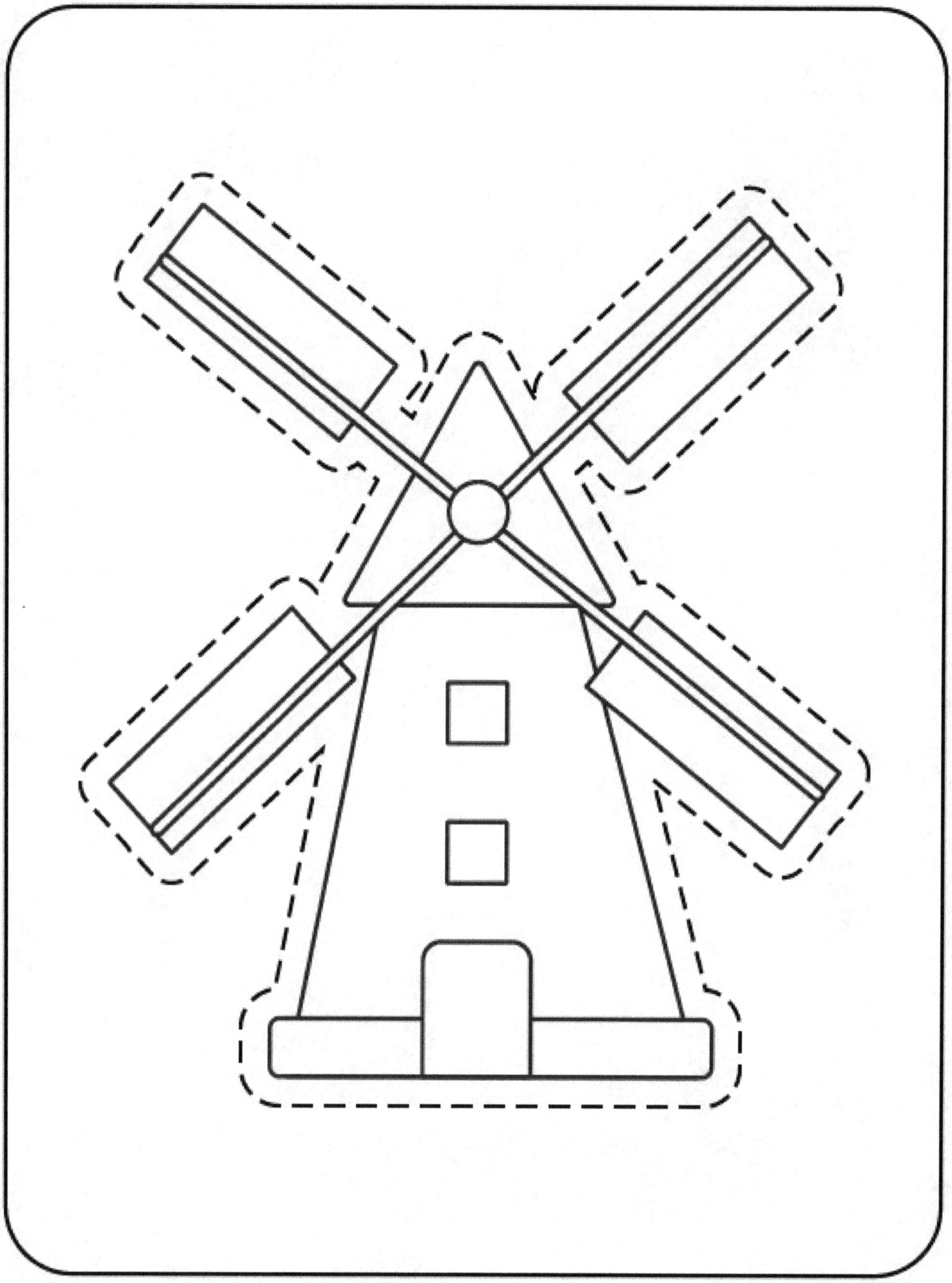

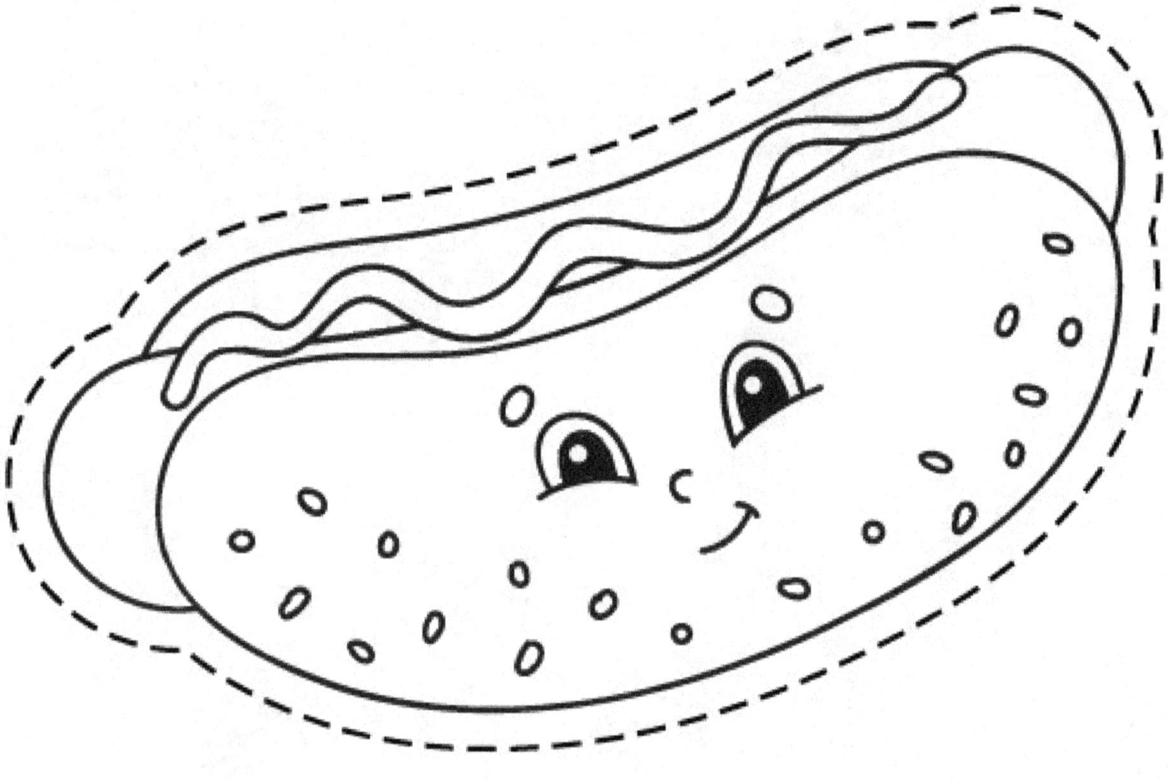

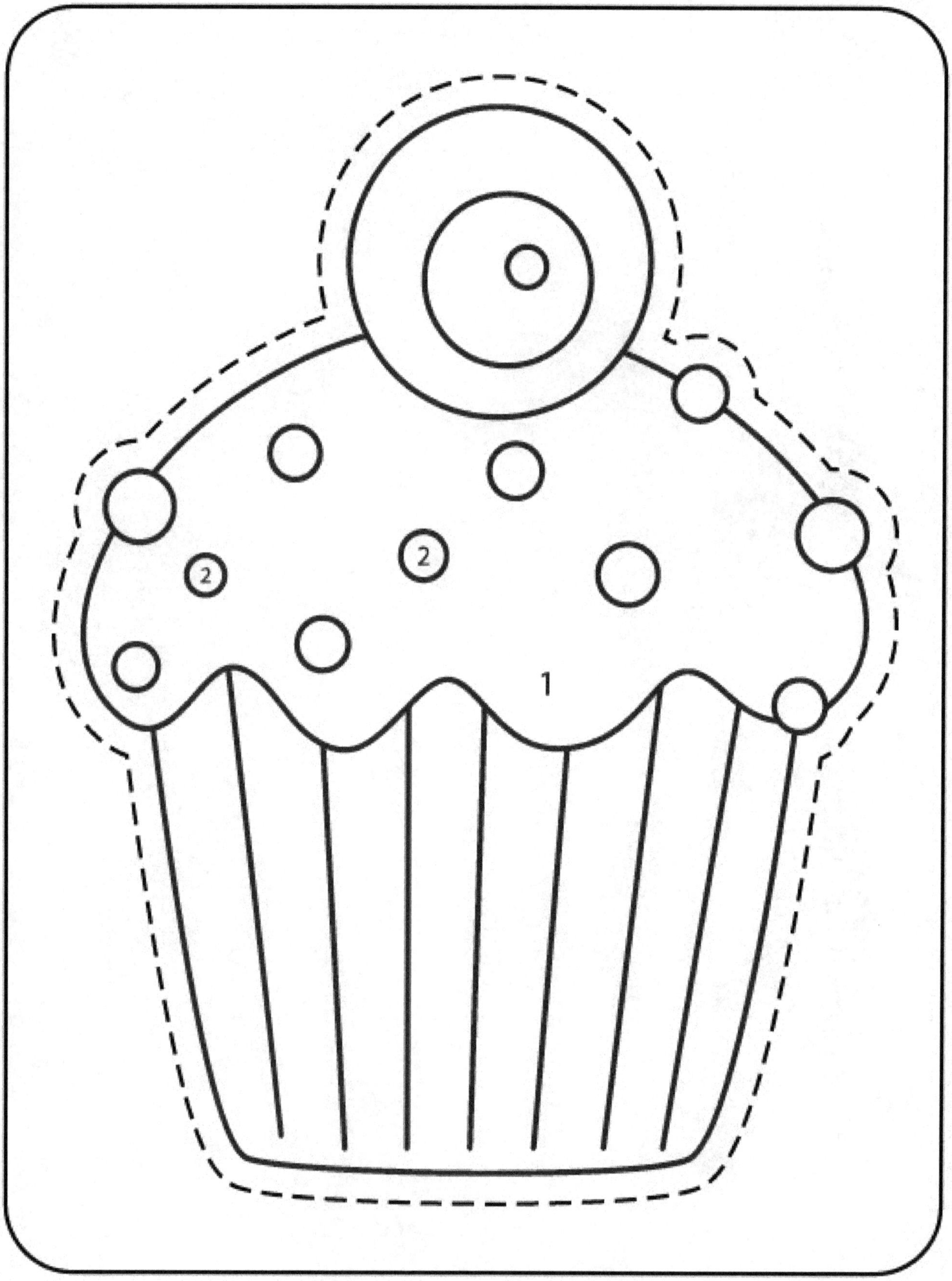
2
2
1

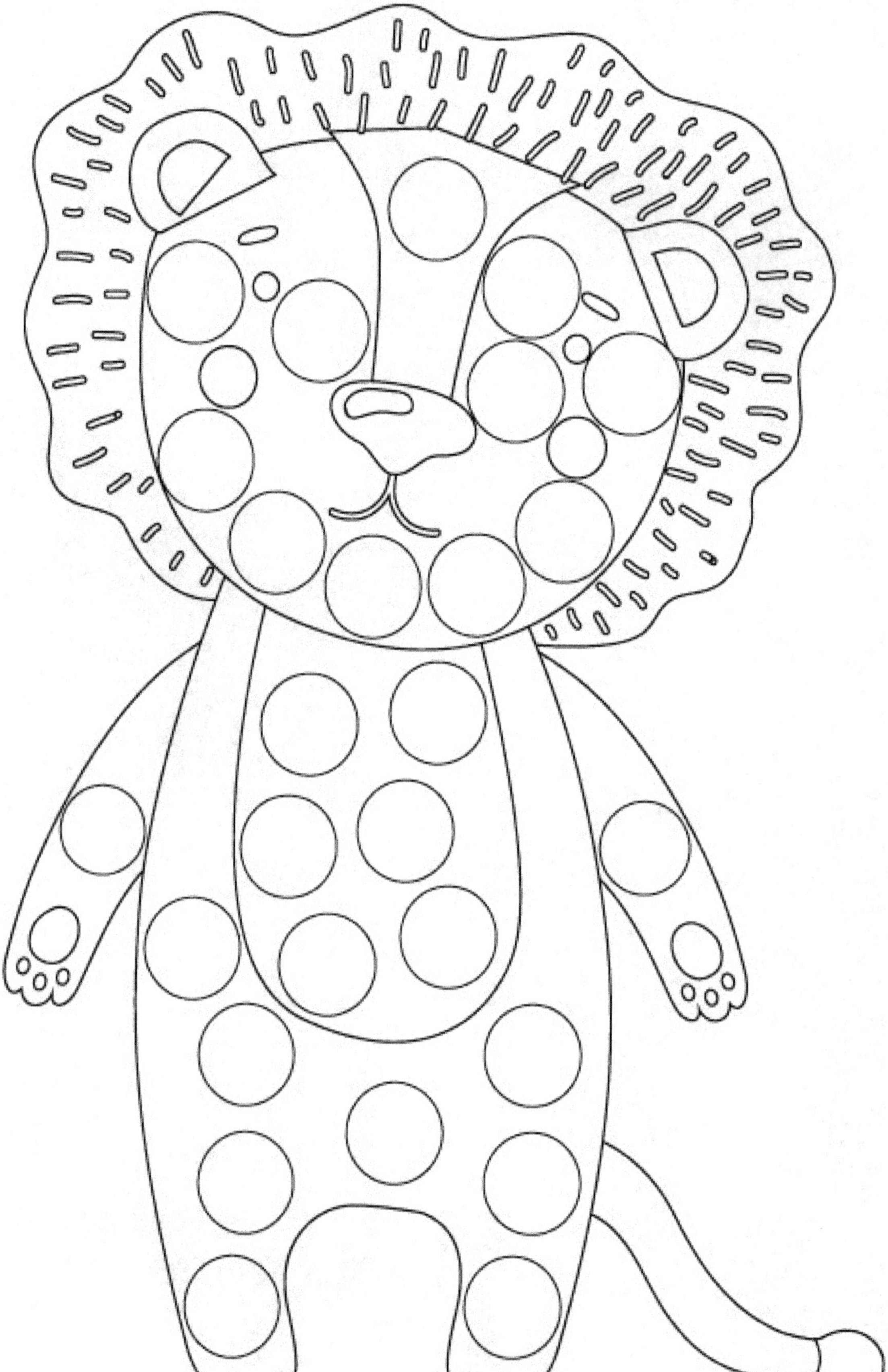

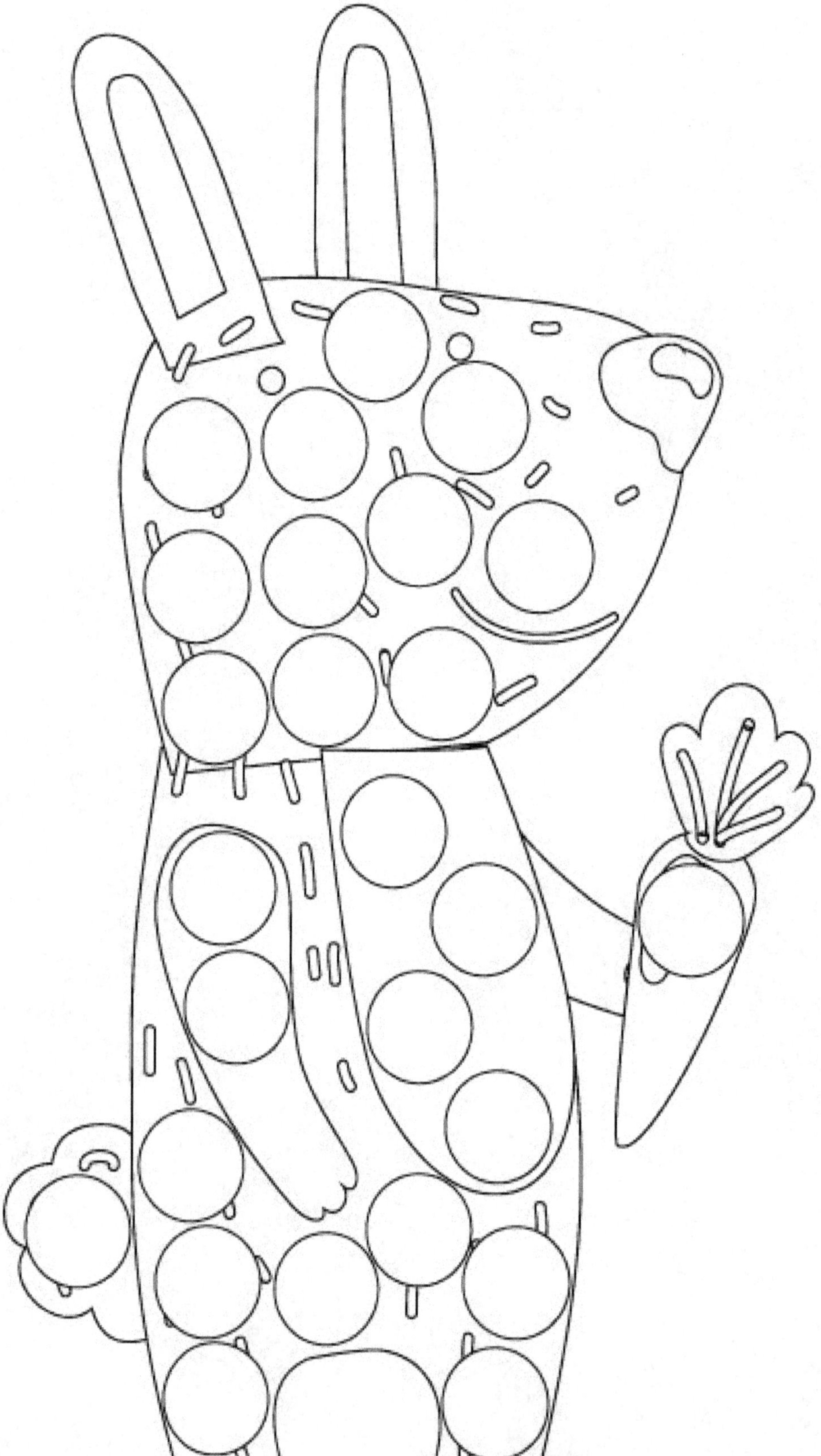

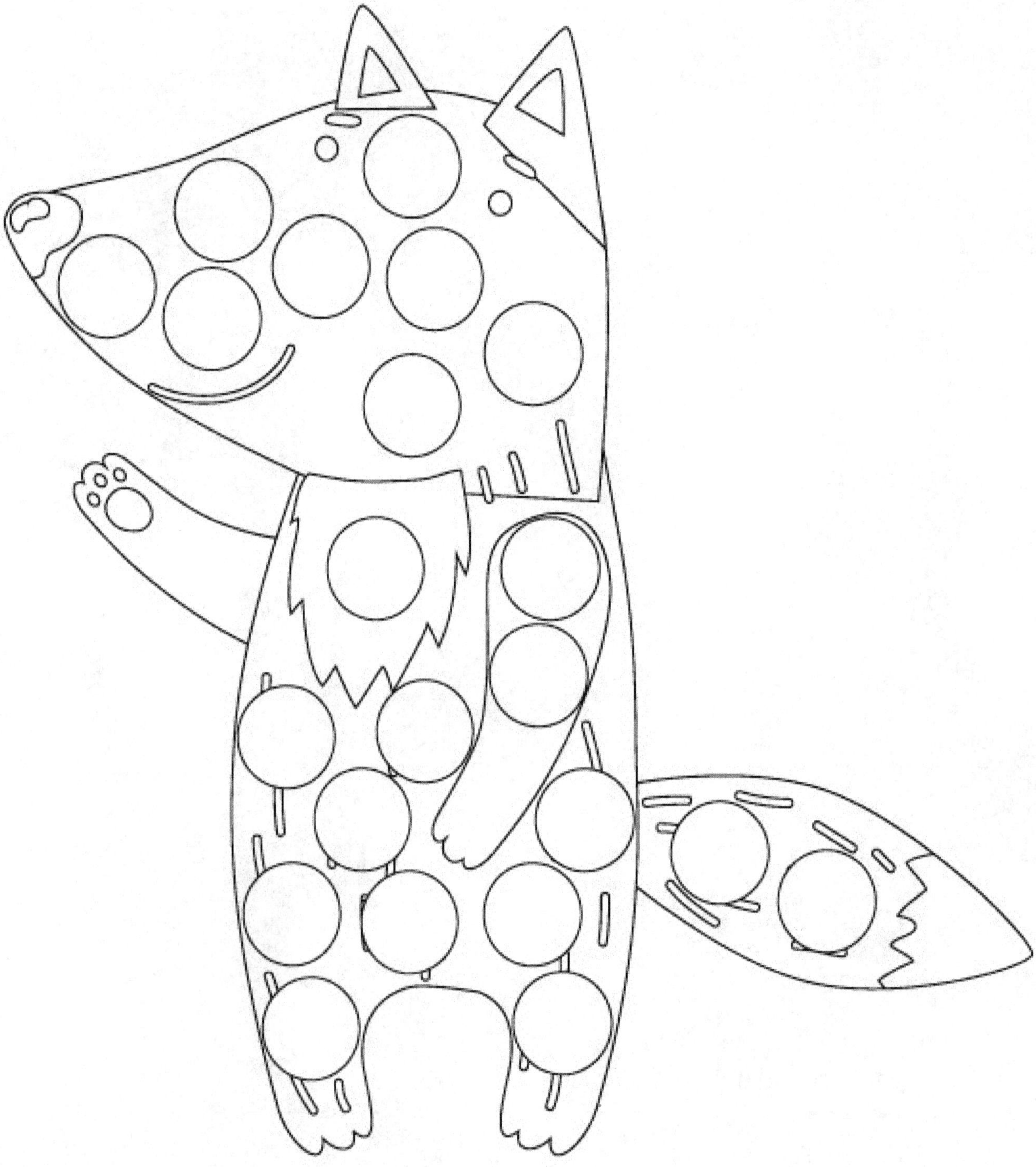

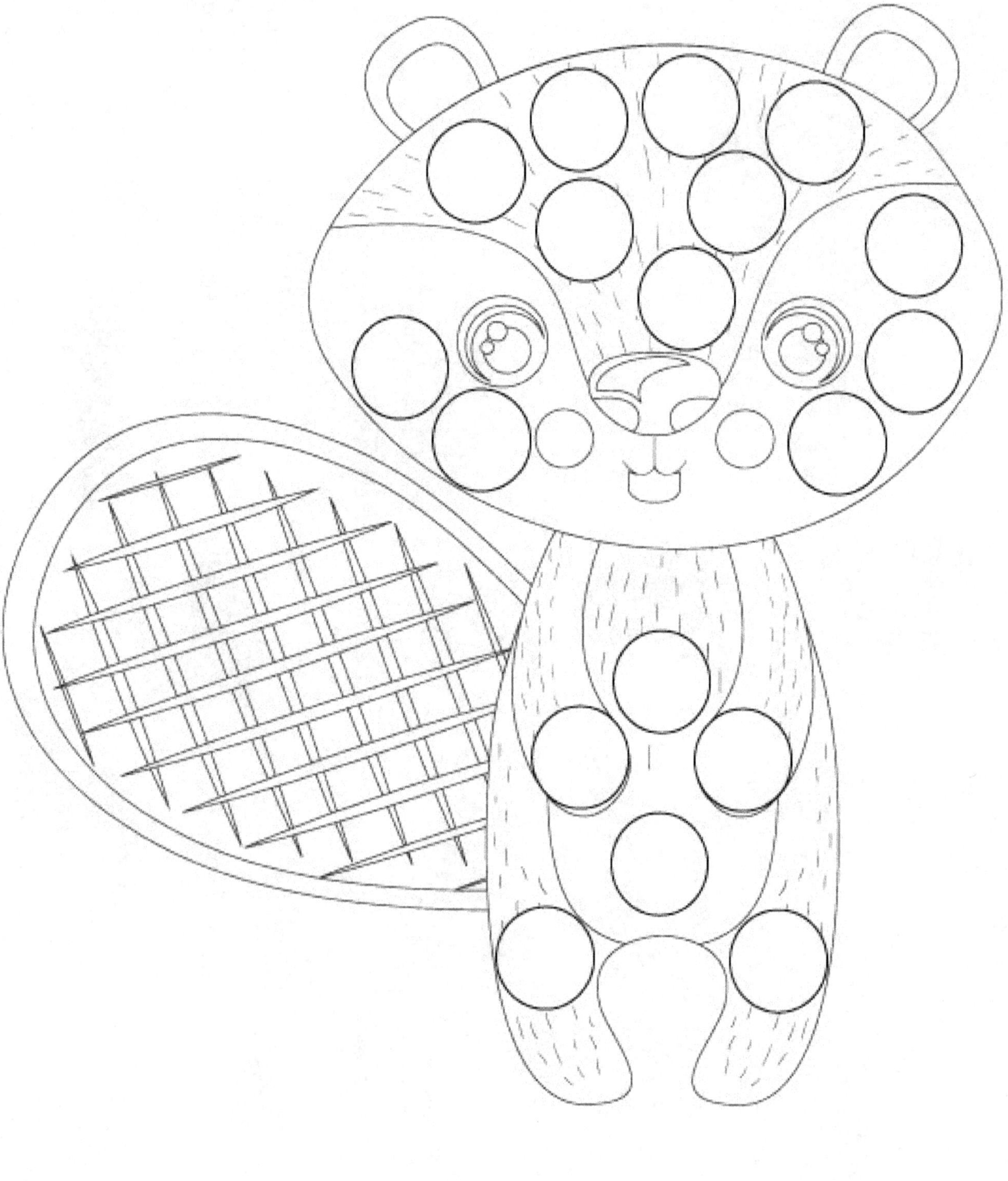

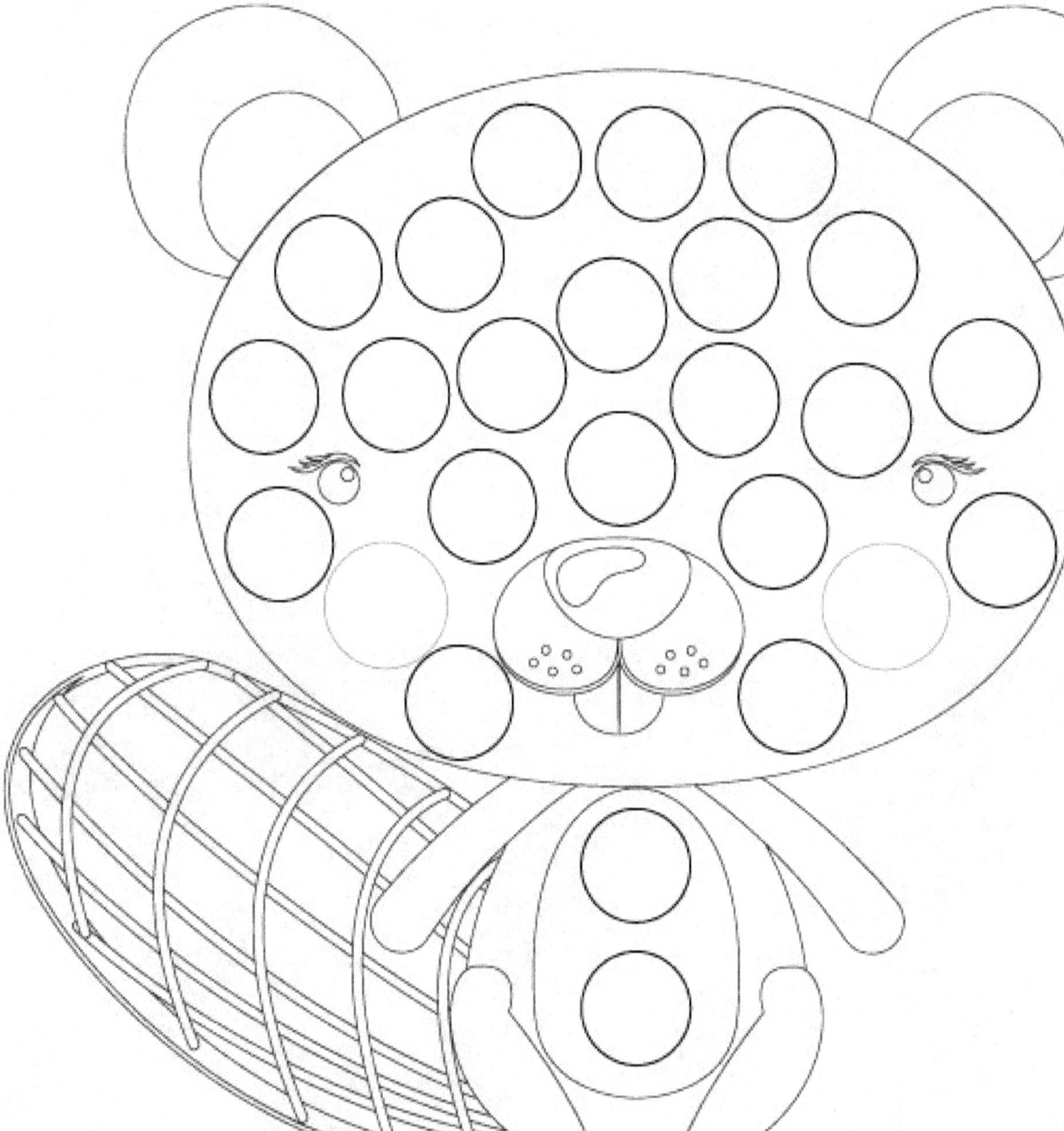

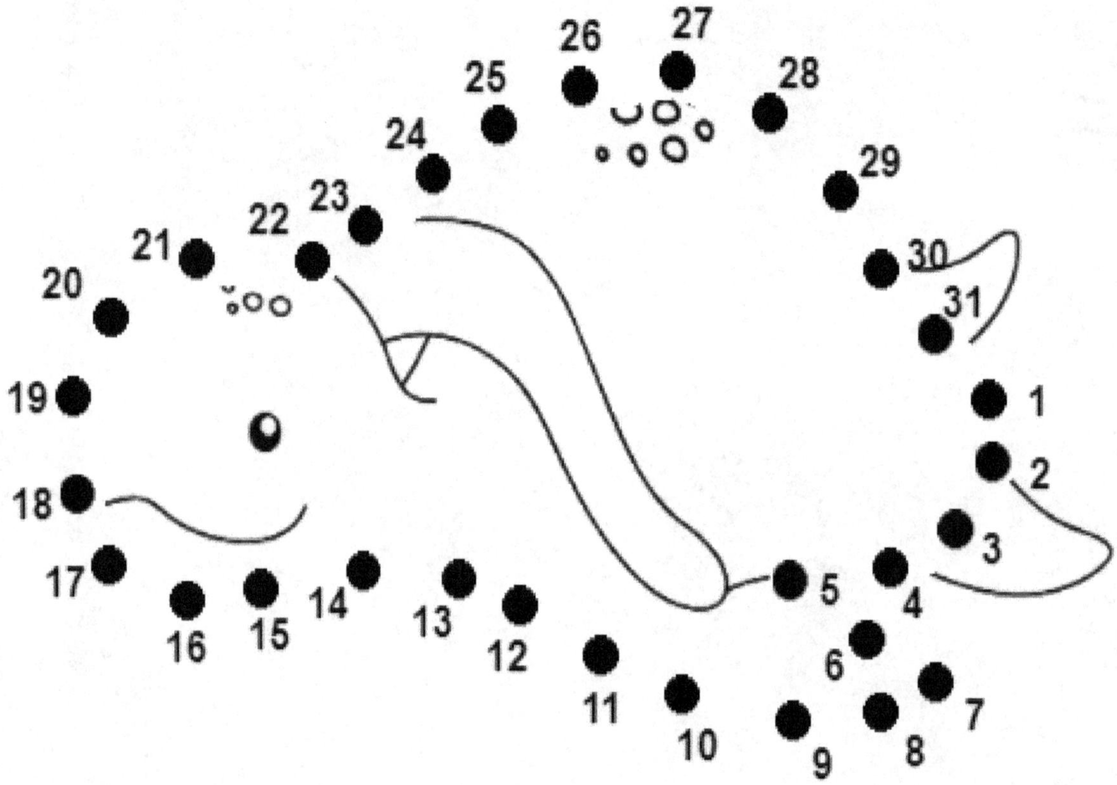
1
2
3
4
5
6
7
8
9
10
11
12
13
14
15
16
17
18
19
20
21
22
23
24
25
26
27
28
29
30
31

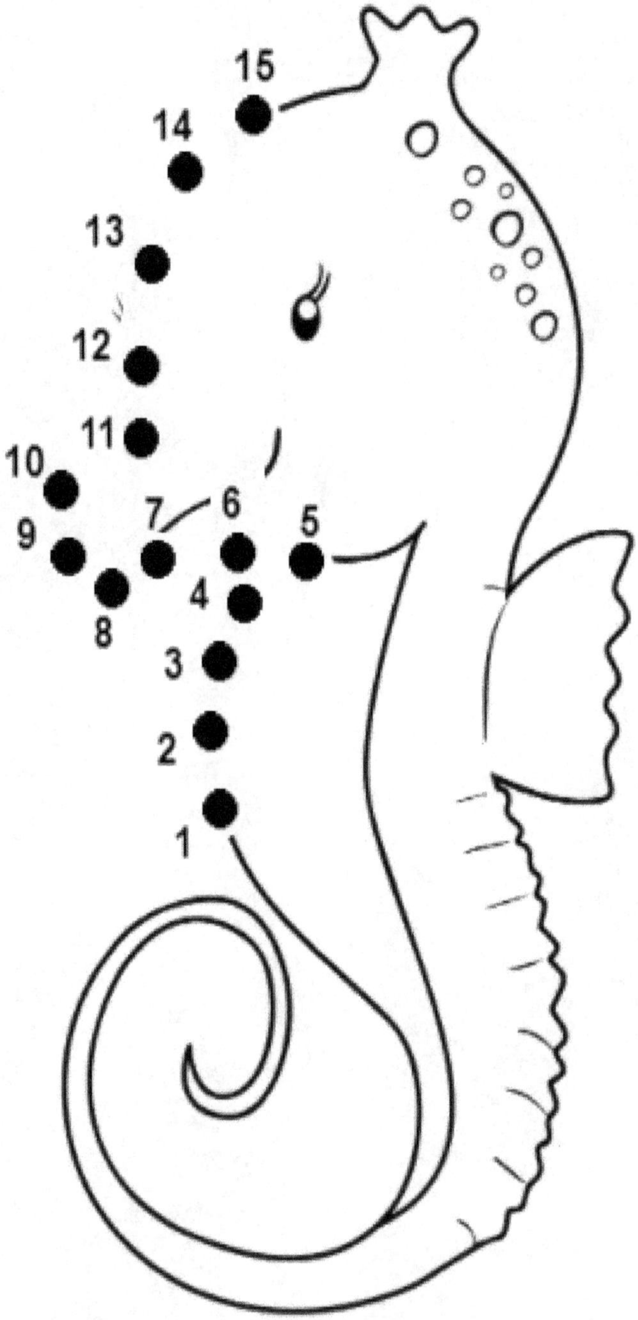
15
14
13
12
11
10
7
6
5
9
4
8
3
2
1

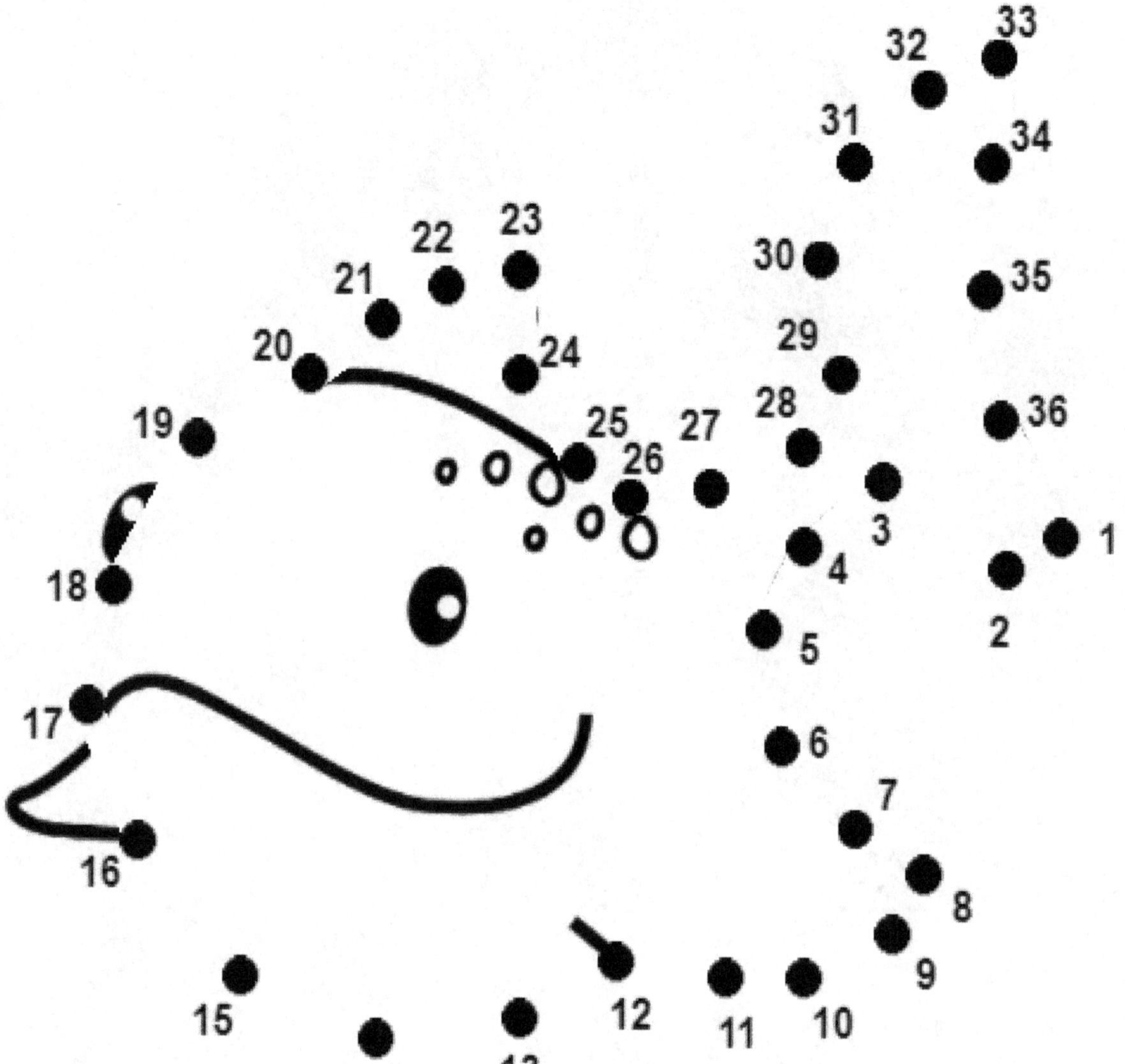
1
2
3
4
5
6
7
8
9
10
11
12
13
14
15
16
17
18
19
20
21
22
23
24
25
26
27
28
29
30
31
32
33
34
35
36

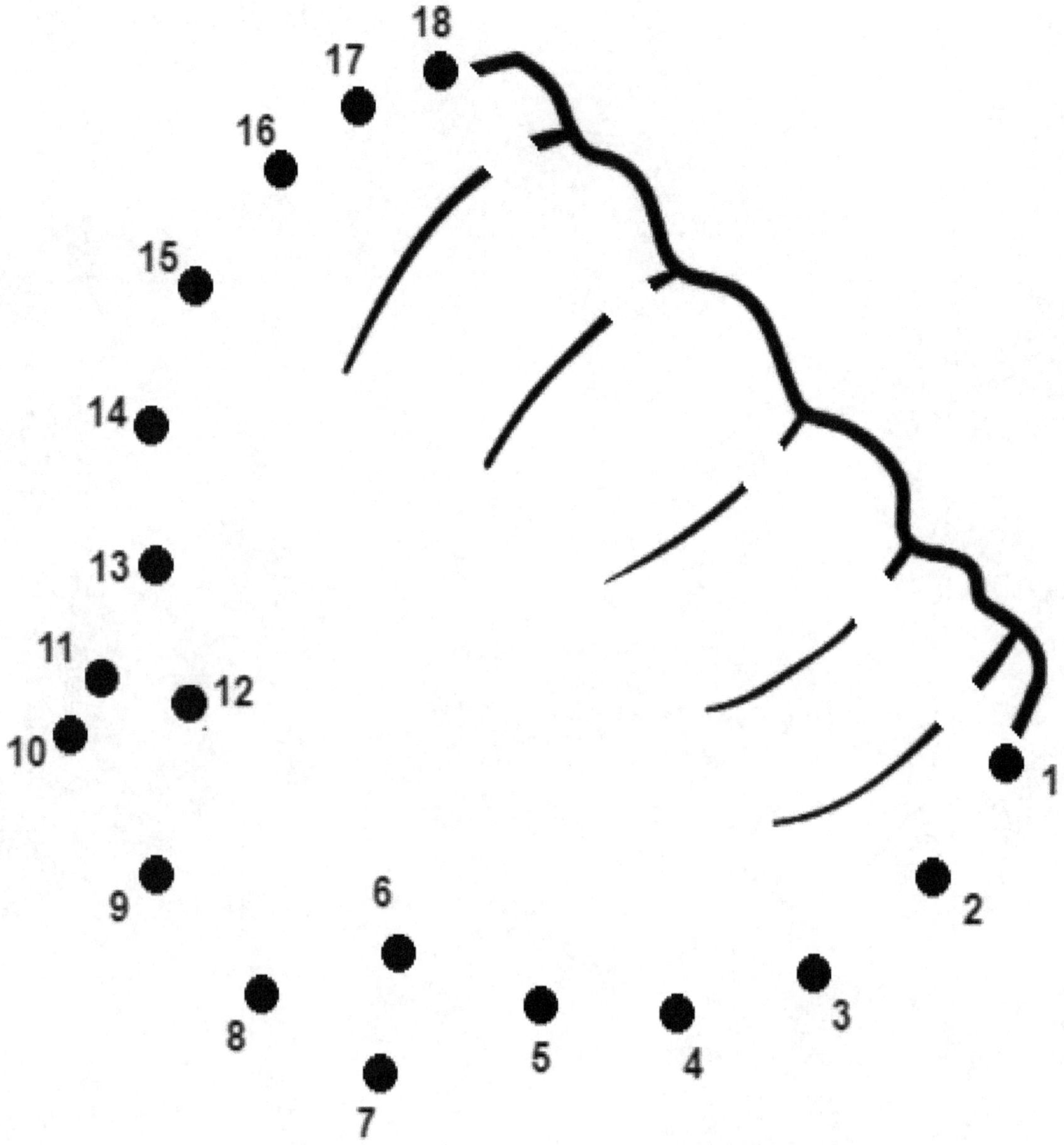
18
17
16
15
14
13
11
12
10
1
9
6
2
3
8
5
4
7

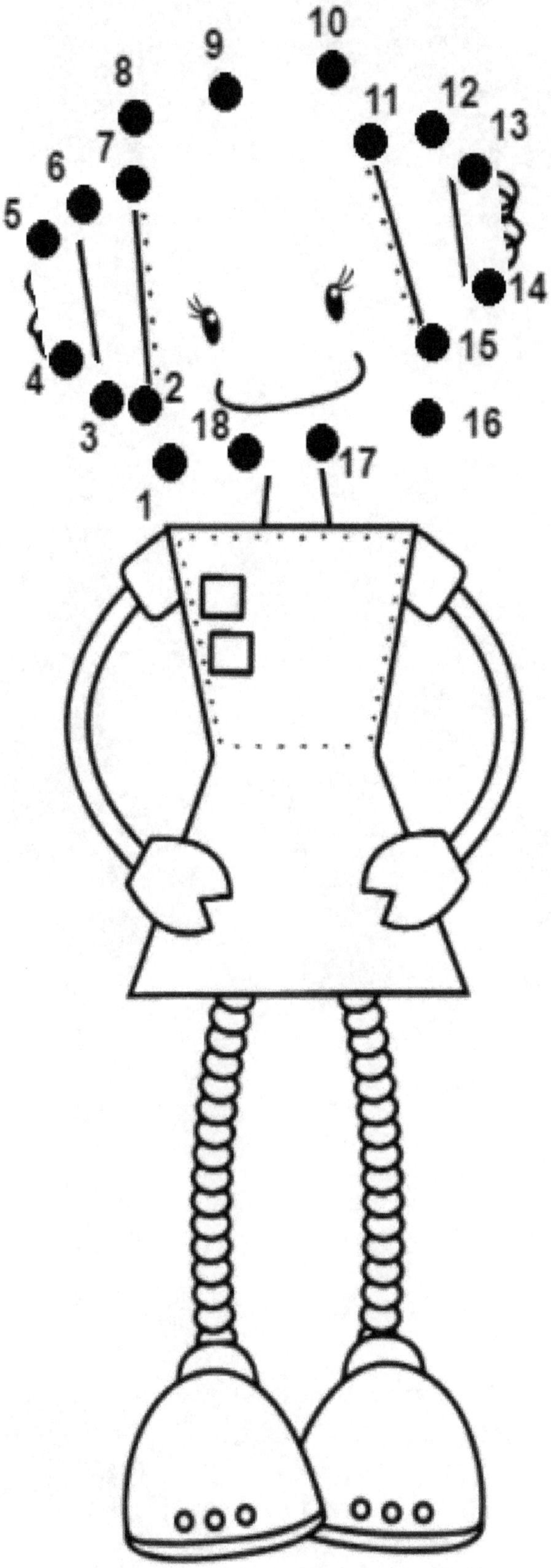
1
2
3
4
5
6
7
8
9
10
11
12
13
14
15
16
17
18

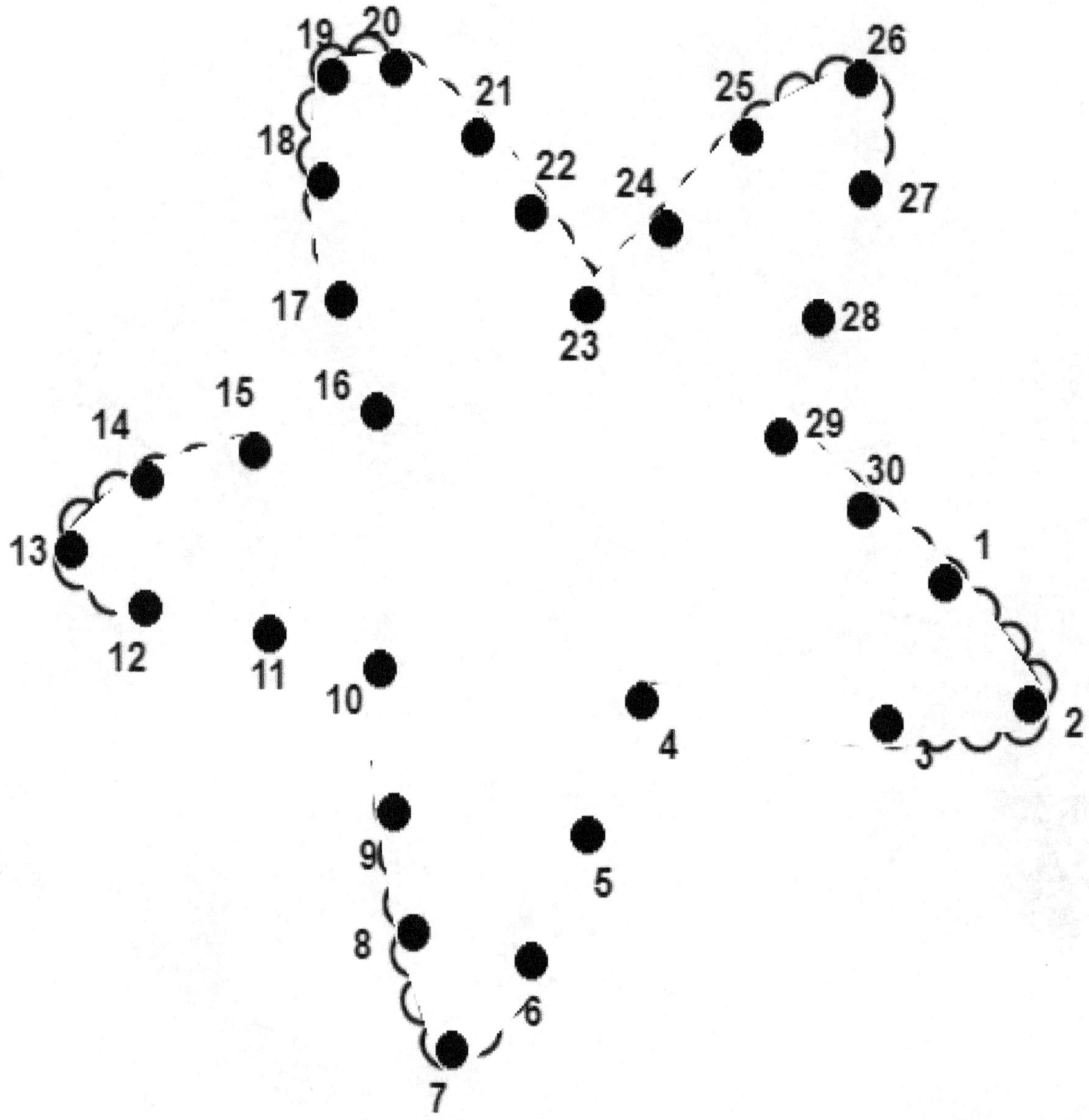
1
2
3
4
5
6
7
8
9
10
11
12
13
14
15
16
17
18
19
20
21
22
23
24
25
26
27
28
29
30

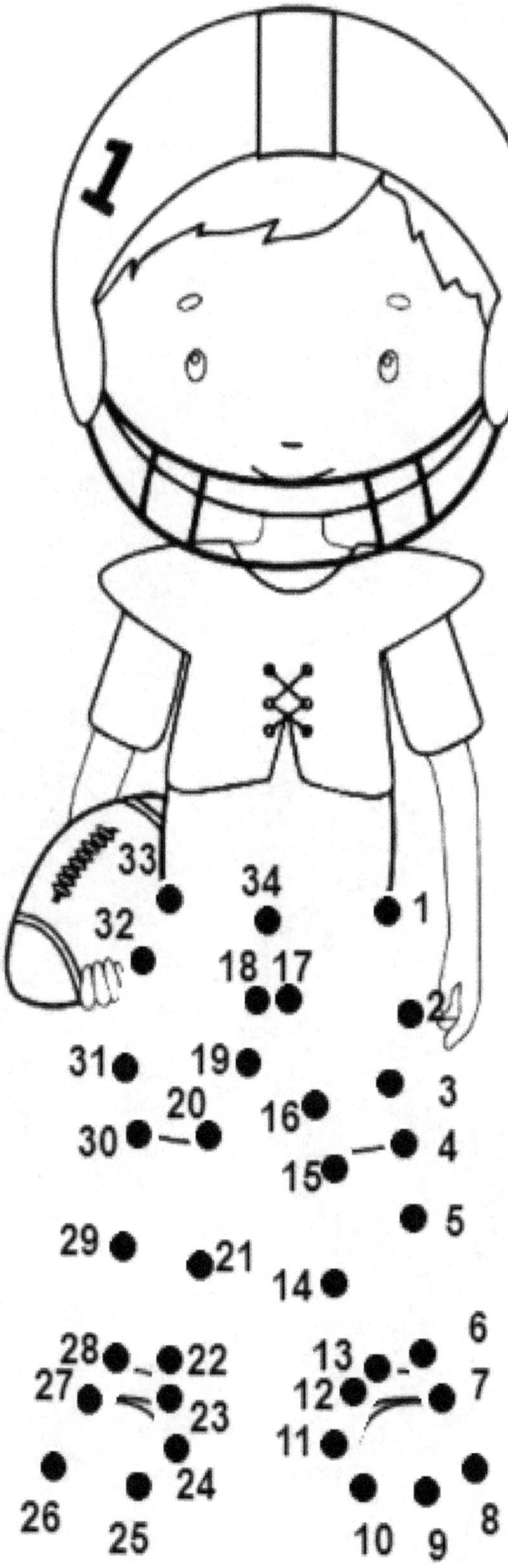

1
33
34
1
32
18 17
2
31
19
3
20
16
30
4
15
5
29
21
14
6
28
22
13
27
7
12
23
11
24
8
26
25
10
9

CPSIA information can be obtained
at www.ICGtesting.com
Printed in the USA
LVHW060827100721
691977LV00010B/405

9 781803 010915